Collection de M. A. COURTIN

TABLEAUX

Anciens & Modernes

COMMISSAIRE-PRISEUR :

Mᵉ Louis GARNAUD

EXPERT :

M. Henri HARO

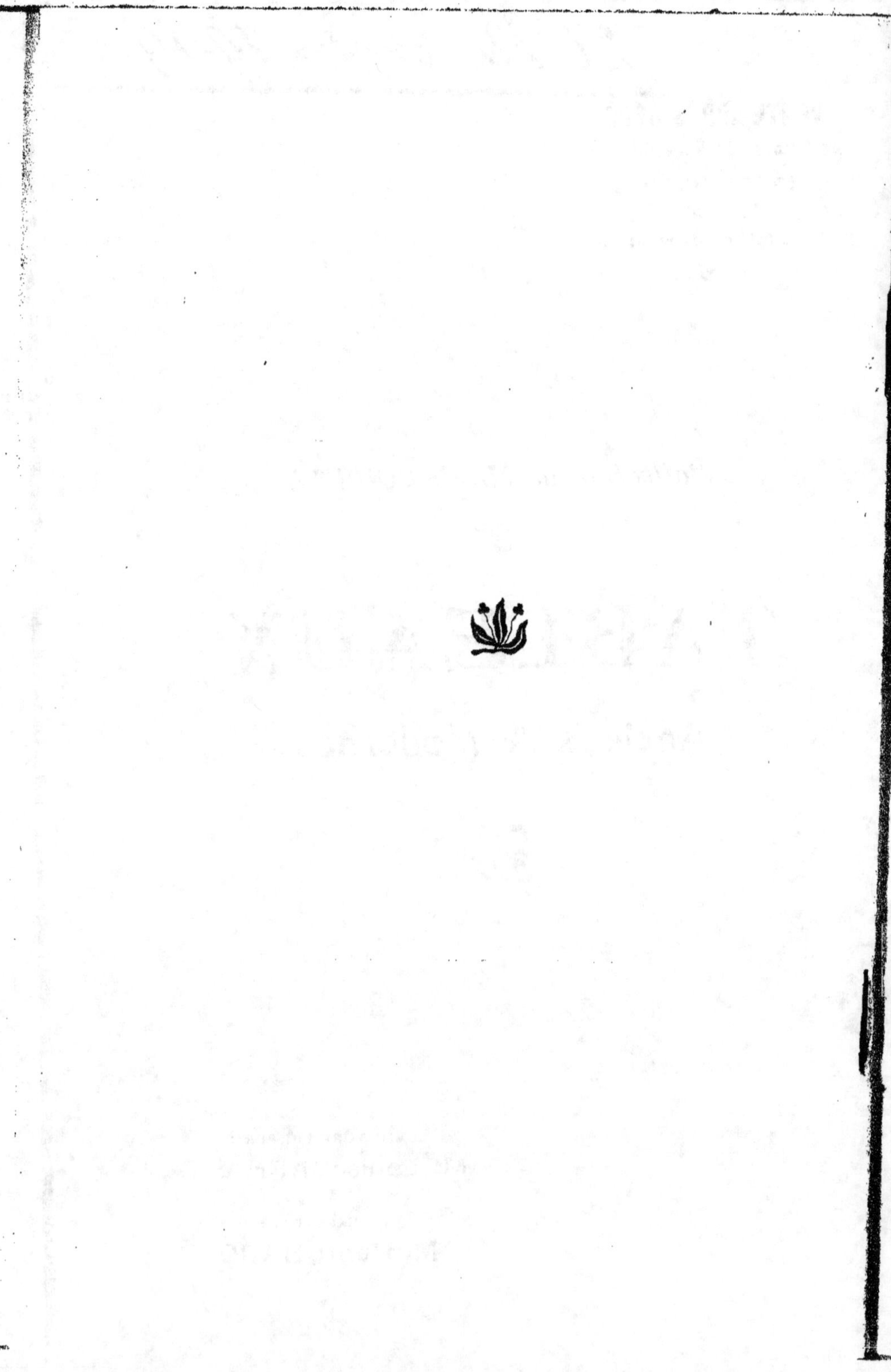

VENTE APRÈS DÉCÈS

CATALOGUE

DE

TABLEAUX

Anciens et Modernes

Composant la Collection de M. A. COURTIN

DONT LA VENTE PAR SUITE DE DÉCÈS

aura lieu

HOTEL DROUOT, SALLE N° 11

Le Samedi 27 Novembre 1909

à deux heures et demie

EXPOSITION PUBLIQUE : le Vendredi 26 Novembre 1909

de deux heures à six heures.

Mᵉ Louis GARNAUD	**M. Henri HARO**
COMMISSAIRE-PRISEUR	PEINTRE-EXPERT
115, faubourg Poissonnière, 115	14, rue Visconti et rue Bonaparte, 20

CONDITIONS DE LA VENTE

Elle sera faite au comptant.

Les adjudicataires payeront *dix pour cent* en sus des enchères.

TABLEAUX

Anciens et Modernes

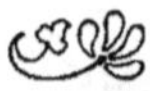

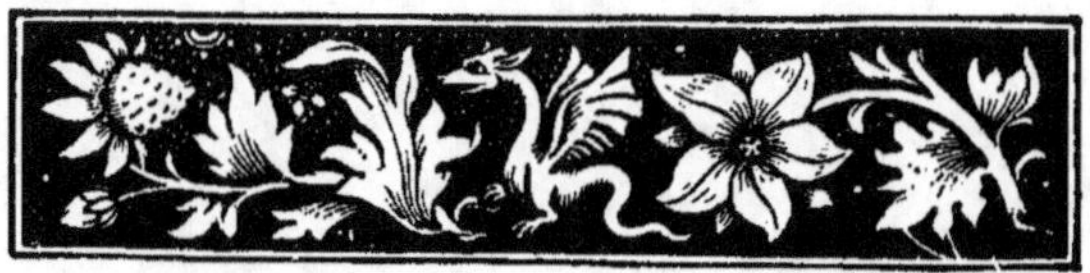

AMERIGHI (Michel-Ange)
dit le Caravage.

1 — *Le Reniement de Saint-Pierre.*

(Galerie de la comtesse de Chinenon).

Toile. Haut., 1 m. 50; larg., 1 m. 75.

BAKHUYSEN (Ludolf)

2 — *Jésus sur le lac de Génésareth.*

Au fond de la barque le Christ endormi est réveillé par ses apôtres. A droite, on aperçoit une autre barque fuyant devant la tempête.

Signé sur la barque et daté sur un morceau de bois flottant 1704.

Toile. Haut., 1 m. 20; larg., 1 m. 75.

BROWN (John-Lewis)

3 — *Le passage du Gué.*

Signé à gauche et daté à droite 1878.

Bois. Haut., 36 cent.; larg., 31 cent.

DAUBIGNY (Charles)

4 — *Marine; Effet de soleil couchant.*

Cachet de la vente à droite.

(Vente Daubigny).

Toile. Haut., 54 cent.; larg., 1 m. 17.

DIETRICH

5 — *Portrait d'un Vieillard.*

Toile. Haut., 52 cent.; larg., 45 cent.

DUBUFE (G.)

6 — *Philémon et Baucis.*

Composition allégorique.

Aquarelle.

Signé dans le trait noir et daté 1880.

ÉCOLE ESPAGNOLE

7 — *L'Immaculée conception.*

Toile. Haut., 26 cent.; larg., 16 cent.

ÉCOLE FRANÇAISE

8 — *Le Printemps.*

Bois. Haut., 55 cent.; larg., 24 cent.

ÉCOLE HOLLANDAISE

9 — *Le Butin.*

Bois. Haut., 42 cent.; larg., 55 cent.

ÉCOLE HOLLANDAISE

10 — *Le Pont.*

Bois. Haut., 48 cent.; larg., 65 cent.

ÉCOLE ITALIENNE

11 — *Le Christ à la Colonne.*

Grisaille.

Bois. Haut., 29 cent.; larg., 22 cent.

ÉCOLE ITALIENNE

12 — *Jésus couvert d'outrages (Scène de la Passion).*

Grisaille.
Pendant du précédent.

Bois. Haut., 29 cent.; larg., 22 cent.

FILOSA (B.)

13 — *Surprise.*

Aquarelle.
Signé à droite.
Salon de 1882.

FRAGONARD

(École de)

14 — *Le Berger musicien; Paysage, effet de soleil couchant.*

Toile. Haut., 1 m. 64; larg., 97 cent.

FYT (J.)

(Attribué à)

15 — *Chien; Étude.*

Toile. Haut., 38 cent.; larg., 32 cent.

GENDRON (Auguste)

16 — *Le Tribut d'Athènes au Minotaure.*

Chaque année, Athènes envoyait en Crète sept jeunes filles, destinées à être dévorées par le Minotaure.

Signé à droite et daté.
Gravé par Dubouchet.

Salon de 1876.

Toile. Haut., 1 m. 07; larg., 1 m. 62.

HANOTEAU (Hector)

17 — *L'Eau dormante*.

Signé à droite et daté 1879.
·Salon de 1880.

Toile. Haut., 1 m. 5o; larg., 2 mètres.

HAWKINS

18 — *Les Dunes*.

Signé à gauche.

Toile. Haut., 52 cent.; larg., 70 cent.

HUYSUM (Van)

19 — *Fleurs dans un vase*.

Signé en bas.

Toile. Haut., 73 cent.; larg., 53 cent.

LIENDER (P.-J.-V.)

20 — *Le Canal*.

Signé à droite et daté 1756.

Bois. Haut., 38 cent.; larg., 55 cent.

MONNOYER (B.)

(Attribué à)

21 — *Vase de fleurs.*

> Toile. Haut., 40 cent.; larg., 31 cent.

PLASSAN

22 — *Vue de Joinville-le-Pont.*

> Signé à droite.

> Bois. Haut., 14 cent.; larg., 24 cent.

PRINCETEAU

23 — *Cheval à l'écurie.*

> Signé à droite.

> Toile. Haut., 92 cent.; larg., 73 cent.

RUBIO (Pérez)

24 — *La duchesse d'Albe à la Floride.*

> Signé à droite.

> Bois. Haut., 26 cent.; larg., 39 cent.

RUYSDAEL (Salomon)

(Attribué à)

25 — *Village au bord d'une rivière.*

A gauche, le village et son église, entourés d'arbres. Au premier plan, des barques chargées de paysans ; dans le fond, de nombreux bateaux pêcheurs. Ciel nuageux.

Daté sur la barque 1651.

Bois. Haut., 45 cent.; larg., 66 cent.

SÉGÉ

26 — *Route en forêt ; effet de soleil couchant.*

Signé à droite.

Bois. Haut., 13 cent.; larg., 22 cent.

ZURBARAN

27 — *Moine en extase devant le crucifix,*

Toile. Haut., 97 cent.; larg., 80 cent.

ZURBARAN

28 — *Sainte Claire en prière.*

> La sainte est représentée vue à mi-corps, priant devant un crucifix.
>
> (Provient de la vente Oudry, n° 59 du catalogue).
>
> Cadre en bois sculpté.
>
> Toile. Haut., 1 m. 22; larg., 98 cent.

29 -- *Sous ce numéro seront vendus les Tableaux et Gravures non catalogués.*

4530. — Lib.-Imp. réunies, 7, rue Saint-Benoit, Paris,
MARTINET, Dʳ.

www.ingramcontent.com/pod-product-compliance
Lightning Source LLC
LaVergne TN
LVHW021902180726

843502LV00008B/2818